Impressum
Verlag: BABADADA GmbH, Nedderfeld 112 , 22529 Hamburg
Geschäftsführer / Verlagsleitung: Harald Hof
Druck: Books on Demand GmbH, In de Tarpen 42, 22848 Norderstedt

Imprint
Publisher: BABADADA GmbH, Nedderfeld 112 , 22529 Hamburg, Germany
Managing Director / Publishing direction: Harald Hof
Print: Books on Demand GmbH, In de Tarpen 42, 22848 Norderstedt, Germany

كلاس درس
تقسيم كردن

třída

dělit

186/2

حياط مدرسه
تخته

školní hřiště

tabule

معلم

učitel

كاغذ

papír

نوشتن

psát

خودكار

pero

ميز تحرير

psací stůl

خط كش

pravítko

كتاب

kniha

دانش آموز

žák

كيف مدرسه

aktovka

جامدادی

penál

مداد

tužka

تراش

ořezávátko

پاک کن

guma

دفتر رسم

blok na kreslení

طراحى

výkres

قلم مو

štětec

جعبه ى آبرنگ

malířské potřeby

قیچی

nůžky

چسب

lepidlo

کتاب تمرین

cvičebnice

تکلیف خانه

domácí úkol

رقم

počet

جمع کردن

sčítat

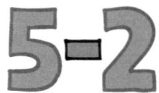

تفریق کردن

odčítat

ضرب کردن

násobit

محاسبه کردن

počítat

حرف الفبا

písmeno

الفبا

abeceda

کلمه

slovo

متن

text

خواندن

číst

گچ

křída

درس

hodina

ثبت نام

třídní kniha

امتحان

zkouška

مدرک رسمی

vysvědčení

لباس مدرسه

školní uniforma

تحصیلات

vzdělání

دانشنامه

encyklopedie

دانشگاه

univerzita

میکروسکوپ

mikroskop

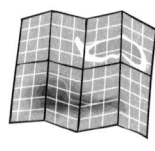

نقشه

karta

سید کاغذ باطله

odpadkový koš na papír

سفر

cesta

هتل
hotel
Grand
مسافرخانه
ubytovna
ROOMS
EXCHANGE
صرافی
směnárna
چمدان
kufr
اتومبیل
auto

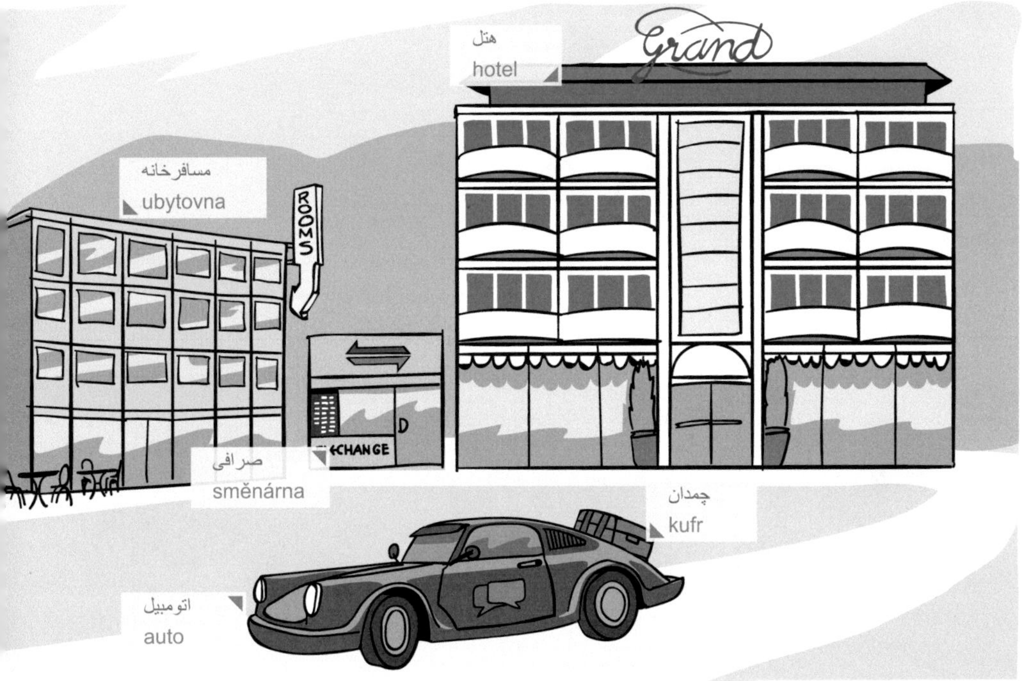

زبان

jazyk

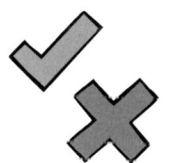

بله / خیر

ano / ne

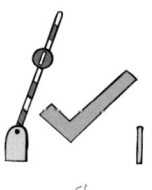

اُکی

oukej

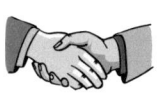

سلام

Ahoj!

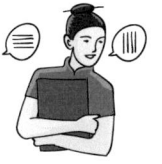

مترجم

překladatel

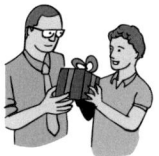

ممنون

děkuji

قیمت ... چه قدر است؟

Kolik stojí...?

من متوجه نمی شوم

nerozumím

مشکل

problém

عصر بخیر! / شب بخیر!

Dobrý večer!

صبح بخیر!

Dobré ráno!

شب بخیر!

Dobrou noc!

خداحافظ / خدانگهدار

na shledanou

جهت

směr

بار سفر

zavazadlo

کیف

taška

کوله پشتی

batoh

مهمان

host

اتاق

pokoj

کیسه خواب

spací pytel

خیمه

stan

مرکز راهنمای گردشگران

turistické informace

ساحل

pláž

کارت اعتباری

kreditní karta

صبحانه

snídaně

نهار

oběd

شام

večeře

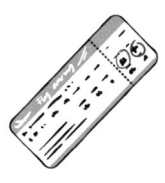

بلیط

jízdenka

آسانسور

výtah

مهر

poštovní známka

مرز

hranice

گمرک

clo

سفارتخانه

poselství

ویزا

vízum

گذرنامه

pas

حمل و نقل
transport

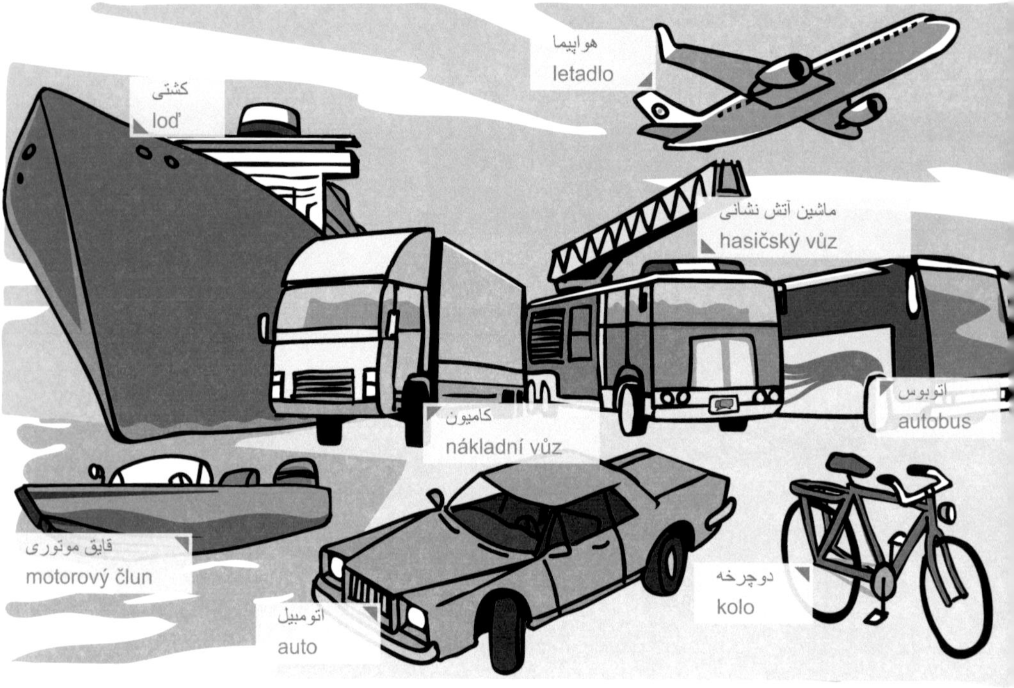

کشتی
loď
هواپیما
letadlo
ماشین آتش نشانی
hasičský vůz
کامیون
nákladní vůz
اتوبوس
autobus
قایق موتوری
motorový člun
اتومبیل
auto
دوچرخه
kolo

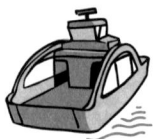

کشتی مسافربری
....
přívoz

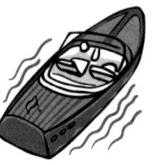

قایق
....
člun

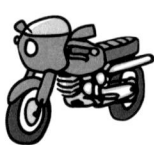

موتورسیکلت
....
motorka

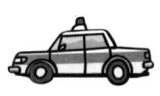

ماشین پلیس
....
policejní auto

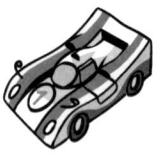

ماشین مسابقه
....
závodní auto

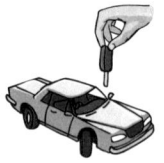

ماشین کرایه ای
....
pronajaté auto

به اشتراک گذاری اتوموبیل

sdílení aut

جرثقیل

odtahová služba

ماشین حمل زباله

popelářský vůz

موتور

motor

بنزین

palivo

پمپ بنزین

čerpací stanice

تابلو راهنمایی و رانندگی

dopravní značka

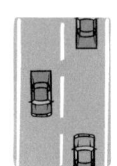

عبور و مرور

doprava

ترافیک

dopravní zácpa

پارکینگ

parkoviště

ایستگاه قطار

vlakové nádraží

ریل راه آهن

koleje

قطار

vlak

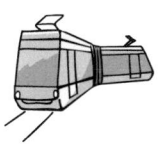

قطار برقی

tramvaj

واگن

vagón

هليكوپتر

helikoptéra

فرودگاه

letiště

برج

věž

مسافر

pasažér

کانتینر

kontejner

کارتن

kartón

گاری

trakař

سبد

koš

به پرواز درآمدن / فرود آمدن

vzlétnout / přistát

شهر

město

دهکده

vesnice

مرکز شهر

střed města

خانه

dům

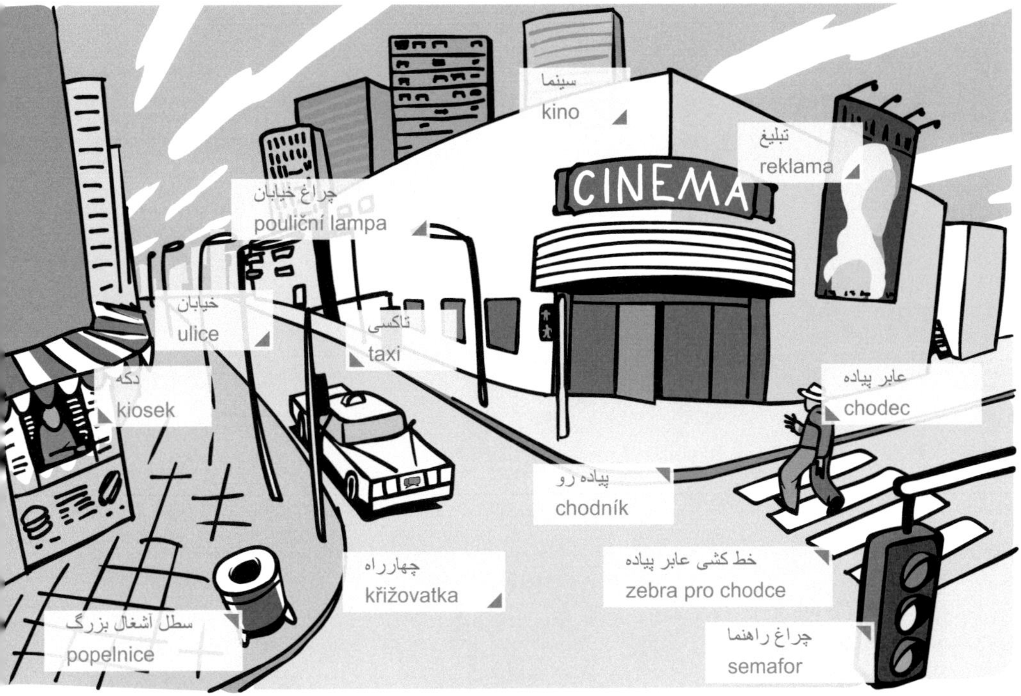

سینما
kino

تبلیغ
reklama

چراغ خیابان
pouliční lampa

خیابان
ulice

تاکسی
taxi

دکه
kiosek

عابر پیاده
chodec

پیاده رو
chodník

چهارراه
křižovatka

خط کشی عابر پیاده
zebra pro chodce

سطل اشغال بزرگ
popelnice

چراغ راهنما
semafor

کلبه
chata

آپارتمان
byt

ایستگاه قطار
vlakové nádraží

ساختمان شهرداری
radnice

موزه
muzeum

مدرسه
škola

دانشگاه

univerzita

بانک

banka

بیمارستان

nemocnice

هتل

hotel

داروخانه

lékárna

اداره

kancelář

کتابفروشی

knihkupectví

مغازه

obchod

گل فروشی

květinářství

سوپرمارکت

supermarket

بازار

tržnice

فروشگاه بزرگ

obchodní dům

ماهی فروش

rybárna

مرکز خرید

nákupní centrum

بندر

přístav

پارک

park

نیمکت

lavička

پل

most

پله

schody

مترو

metro

تونل

tunel

ایستگاه اتوبوس

autobusová zastávka

میخانه

bar

رستوران

restaurace

صندوق پست

poštovní schránka

تابلوی خیابان

pouliční tabule

دستگاه پارکومتر

parkovací hodiny

باغ وحش

zoo

استخر شنای عمومی

plovárna

مسجد

mešita

مزرعه

usedlost

آلودگی محیط زیست

znečišťování životního prostředí

قبرستان

hřbitov

کلیسا

církev

زمین بازی

hřiště

معبد

chrám

چشم انداز

krajina

برگ
list

تابلوی راهنمای مسیر
rozcestník

راه
cesta

چمنزار
louka

سنگ
kámen

درخت
strom

راه نورد
turista

رودخانه
řeka

چمن
tráva

گل
květina

دره

údolí

تپه

hora

دریاچه

jezero

جنگل

les

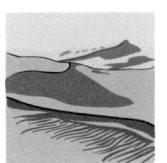

بیابان

poušť

کوه آتشفشان

sopka

قلعه

zámek

رنگین کمان

duha

قارچ

houba

درخت نخل

palma

پشه

komár

مگس

moucha

مورچه

mravenec

زنبور

včela

عنکبوت

pavouk

سوسک

brouk

قورباغه

žába

سنجاب

veverka

جوجه تیغی

ježek

خرگوش صحرایی

zajíc

جغد

sova

پرنده

pták

قو

labuť

گراز

divoké prase

گوزن نر

jelen

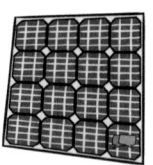

گوزن شمالی

los

سد آب

přehrada

توربین بادی

větrné kolo

صفحه ی خورشیدی

solární panel

أب و هوا

podnebí

پیشخدمت رستوران
▶ číšník

منوی غذا
▶ jídelní lístek

صندلی
▶ židle

سوپ
polévka

پیتزا
pizza

رومیزی
ubrus

سرویس کارد و قاشق و چنگال
příbor

پیش‌غذا
předkrm

غذای اصلی
hlavní chod

دسر
dezert

نوشیدنی ها
nápoje

غذا
jídlo

بطری
láhev

فست فود

rychlé občerstvení

اغذیه خیابانی

pouliční občerstvení

قوری

čajová konvice

قندان

cukřenka

پُرس غذا

porce

دستگاه اسپرسو

kávovar na espresso

صندلی پایه بلند غذاخوری بچه

dětská stolička

صورتحساب

faktura

سینی

tác

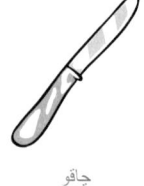

چاقو

nůž

چنگال

vidlička

قاشق

lžíce

قاشق چایخوری

čajová lyžička

دستمال سفره

ubrousek

لیوان

sklenička

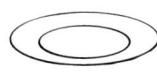

بشقاب

talíř

بشقاب سوپخوری

talíř na polévku

نعلبكی

podšálek

سس

omáčka

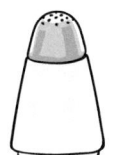

نمكدان

slánka

فلفل ساب

mlýnek na pepř

سركه

ocet

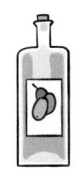

روغن خوراكی

olej

ادويه جات

koření

سس كچاپ

kečup

سس خردل،

hořčice

سس مأيونز

majonéza

سوپرمارکت
supermarket

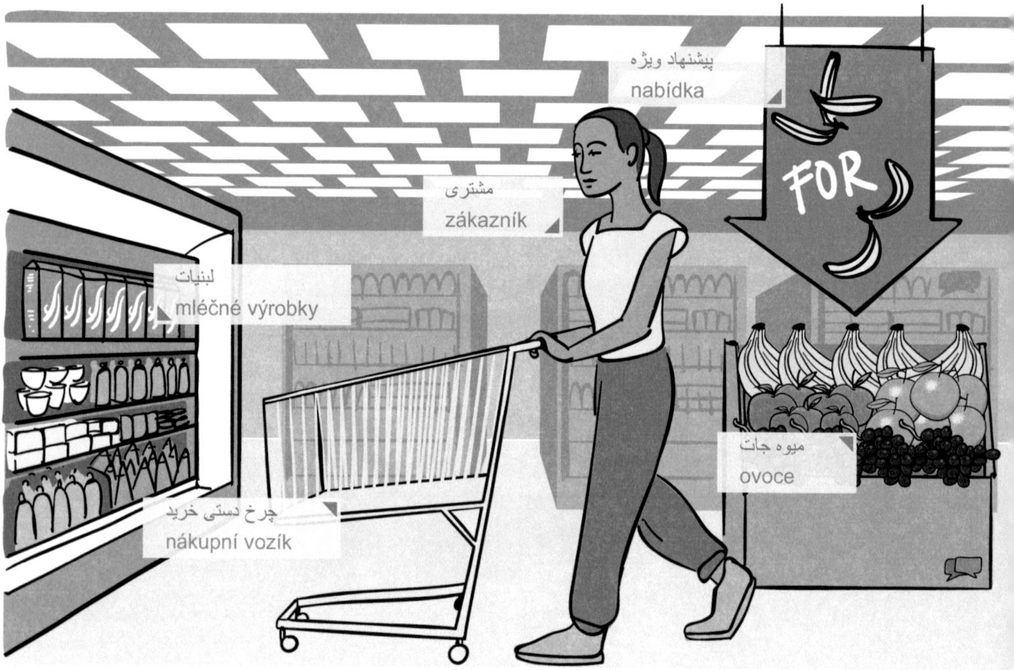
پیشنهاد ویژه
nabídka
FOR
مشتری
zákazník
لبنیات
mléčné výrobky
میوه جات
ovoce
چرخ دستی خرید
nákupní vozík

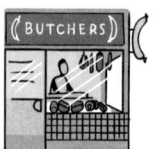

BUTCHERS

قصابی

masna

BAKERY

نانوایی

pekařství

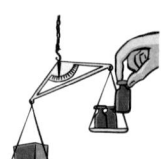

وزن کردن

vážit

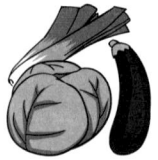

سبزیجات

zelenina

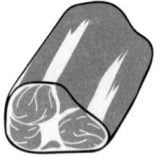

گوشت

maso

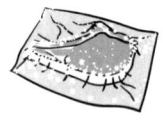

غذای منجمد

mražené potraviny

مخلوطی از انواع کالباس یا پنیر که
ورقه ای بریده شده باشند
....
obložený talíř

غذای کنسروی
....
konzervy

پودر لباسشویی
....
prací prášek

شیرینی جات
....
cukrovinky

لوازم خانگی
....
výrobky pro domácnost

ماده شوینده و پاک کننده
....
čisticí prostředek

فروشنده
....
prodavačka

صندوق پرداخت
....
pokladna

صندوقدار
....
pokladní

لیست خرید
....
nákupní seznam

ساعات کار
....
otevírací doba

کیف پول
....
peněženka

کارت اعتباری
....
kreditní karta

کیف
....
taška

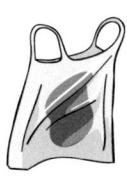

کیسه ی پلاستیکی
....
igelitová taška

آب

voda

آبمیوه

džus

شیر

mléko

نوشابه کوکاکولا

kola

شراب

víno

أبجو

pivo

الکل

alkohol

کاکائو

kakao

چای

čaj

قهوه

káva

قهوه اسپرسو

espresso

کاپوچینو

kapučíno

jídlo

موز

banán

سیب

jablko

پرتقال

pomeranč

انواع هندوانه و خربزه

meloun

لیمو

citrón

هویج

mrkev

سیر

česnek

نی بامبو

bambus

پیاز

cibule

قارچ

houba

آجیل

ořechy

ماکارونی

těstoviny

اسپاگتی

špageti

برنج

rýže

سالاد

salát

سیب زمینی سرخ کرده

hranolky

سیب زمینی سرخ شده

americké brambory

پیتزا

pizza

همبرگر

hamburger

ساندویچ

sendvič

شنیتسَل

řízek

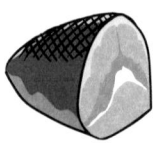

ژامبون خوک

šunka

سالامی

salám

سوسیس

salám

مرغ

kuře

نوعی گوشت سرخ شده

pečeně

ماهی

ryby

جوی پرک شده

ovesné vločky

نوعی صبحانه مخلوطی از برگه ذرت و
میوه های خشک شده و خشکبار که
معمولا با شیر خورده می شود
müsli

کورن‌فلکس

vločky

آرد

mouka

کروآسان

croissant

نان بروتشن

houska

نان

chléb

نان تست

toast

بیسکویت

sušenky

کره

máslo

کشک

tvaroh

کیک

buchta

تخم مرغ

vejce

تخم مرغ نیمرو

volské oko

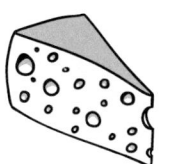

پنیر

sýr

بستنی

zmrzlina

شکر

cukr

عسل

med

مربا

marmeláda

کرم شکلاتی بادامی

nugátový krém

ادویه کاری

kari

مزرعه

usedlost

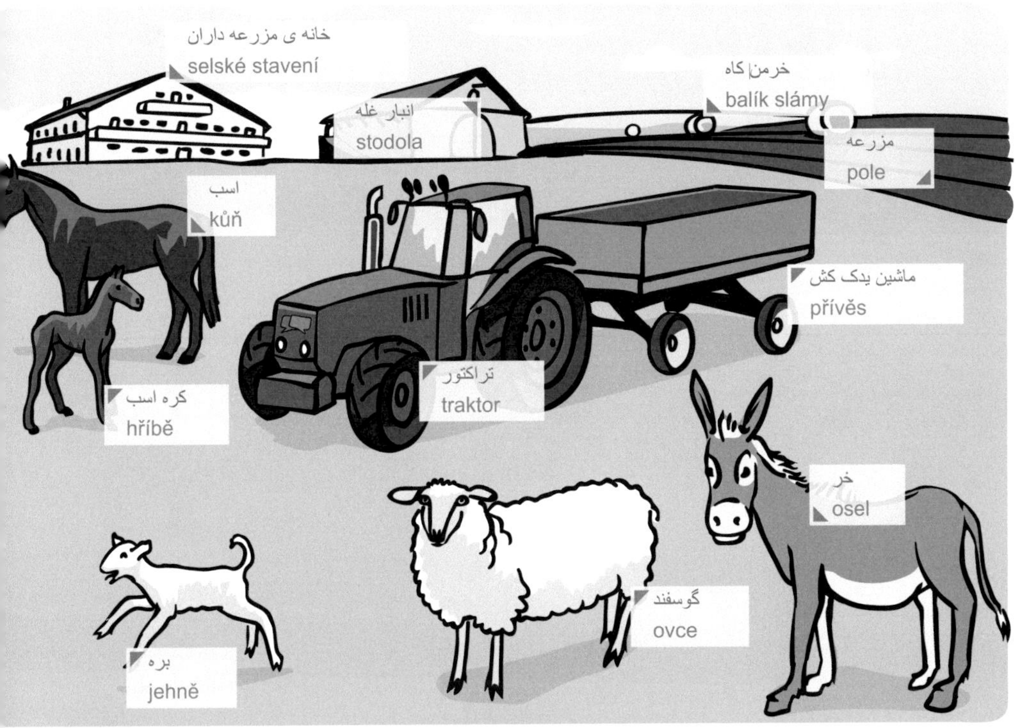
خانه ی مزرعه داران
selské stavení
خرمن گاه
balík slámy
انبار غله
stodola
مزرعه
pole
اسب
kůň
ماشین یدک کش
přívěs
تراکتور
traktor
کره اسب
hříbě
خر
osel
گوسفند
ovce
بره
jehně

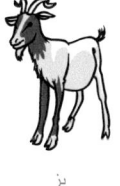

بز

koza

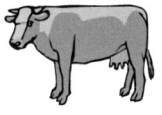

گاو ماده

kráva

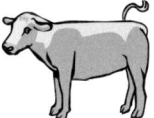

گوساله

tele

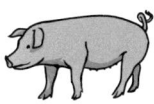

خوک

prase

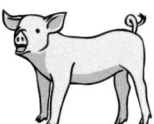

بچه خوک

sele

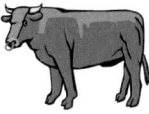

گاو نر

býk

غاز

husa

اردک

kachna

جوجه

kuře

مرغ

slepice

خروس

kohout

موش صحرایی

krysa

گربه

kočka

موش

myš

گاو نر اخته

vůl

سگ

pes

لانه ی سگ

psí bouda

شلنگ باغبانی

zahradní hadice

آبپاش

kropicí konev

داس دسته بلند

kosa

گاوآهن

pluh

داس

srp

کج بیل

motyka

چنگک باغبانی

vidle

تبر

sekera

فرقون

kolecko

آبشخور

koryto

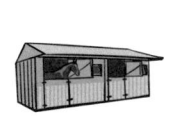

بطری نگهداری شیر

konev na mléko

کیسه

pytel

حصار

plot

اصطبل

stáj

گلخانه

skleník

خاک

půda

بذر

osivo

کود

hnojivo

ماشین کمباین

kombajn

برداشت کردن محصول

sklidit

محصول

sklizeň

تمیس

smldinec

گندم

pšenice

سویا

sója

سیب زمینی

brambora

ذرت

kukuřice

کلزا

řepka

درخت میوه

ovocný strom

گیاه مانیوک

maniok

غلات

obilí

خانه
dům

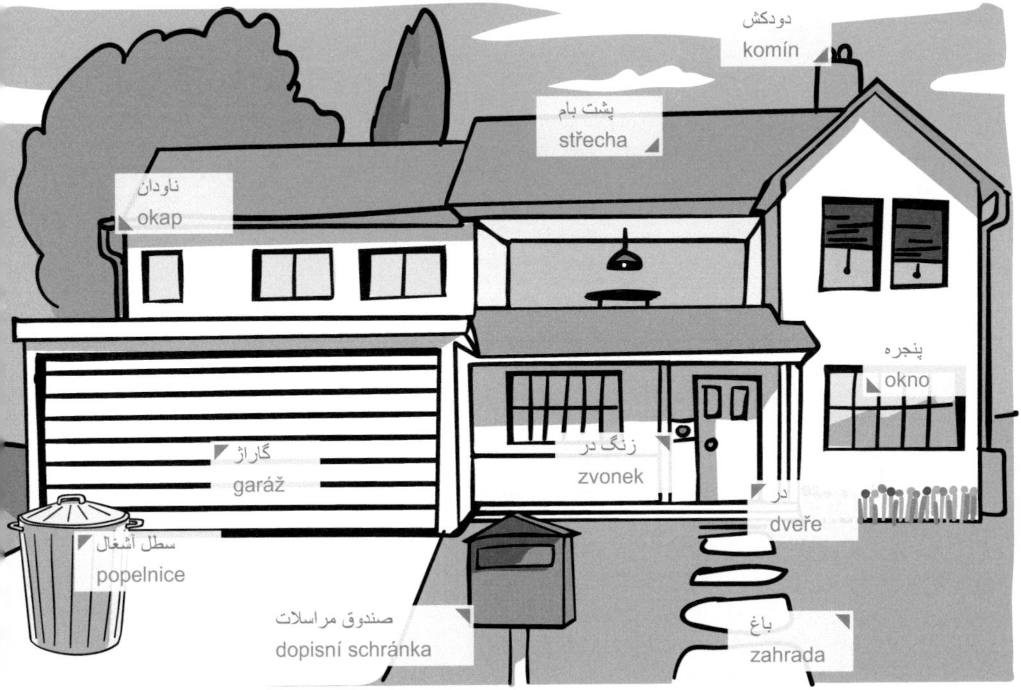
دودکش
komín
پشت بام
střecha
ناودان
okap
پنجره
okno
گاراژ
garáž
زنگ در
zvonek
در
dveře
سطل آشغال
popelnice
صندوق مراسلات
dopisní schránka
باغ
zahrada

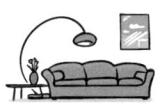

اتاق نشیمن

obývací pokoj

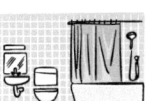

حمام

koupelna

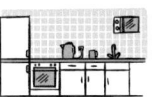

آشپزخانه

kuchyně

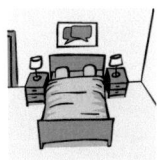

اتاق خواب

ložnice

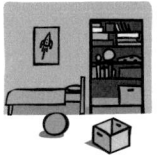

اتاق بچه

dětský pokoj

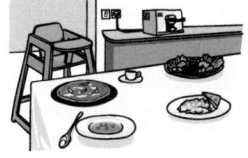

ناهارخوری

jídelna

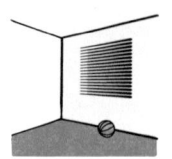

کف زمین

podlaha

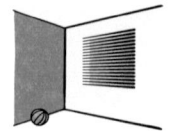

دیوار

zeď

سقف

deka

زیرزمین

sklep

سونا

sauna

بالکن

balkón

تراس

terasa

استخر

bazén

ماشین چمنزنی

sekačka na trávu

ملافه

ložní prádlo

روتختی

lůžková přikrývka

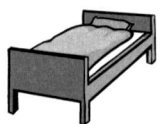

تَخت خواب

postel

جارو

smeták

سطل

kýbl

سویچ یا کلید

vypínač

اتاق نشیمن
obývací pokoj

کاغذ دیواری
tapeta
عکس
obrázek
لامپ
žárovka
قفسه
police
کابینت
skříň
تلویزیون
televizor
شومینه
komín
گل
květina
کوسن
polštář
کاناپه
gauč
گلدان
váza
کنترل تلویزیون و ویدئو و غیره
dálkový ovladač

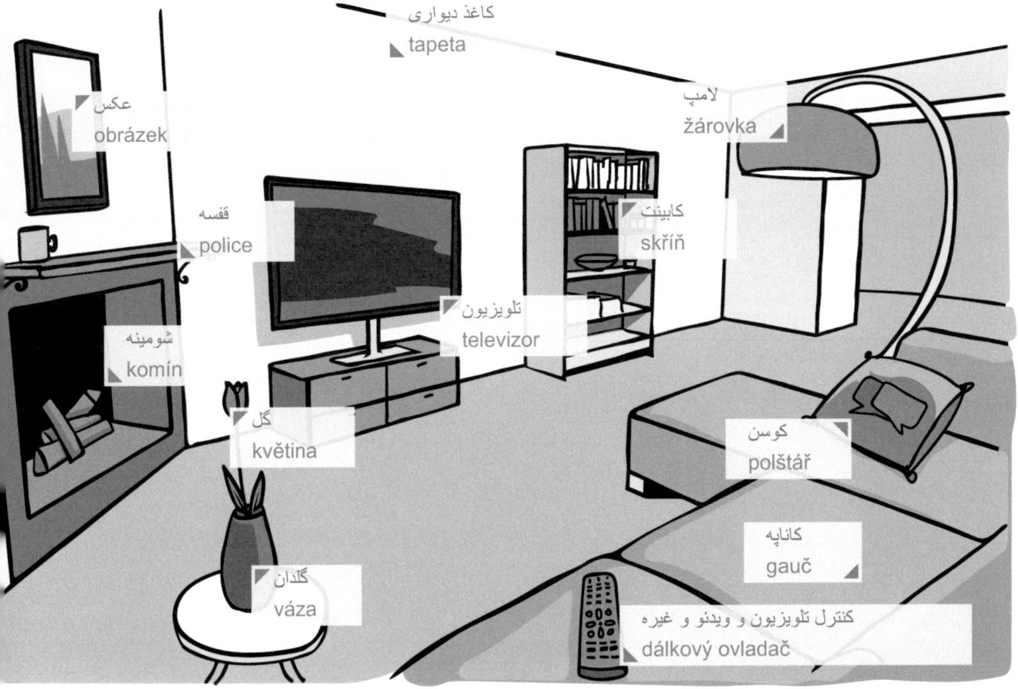

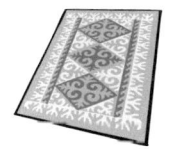

فرش
koberec

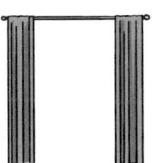

پرده
závěs

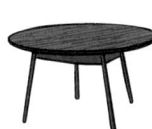

میز
stůl

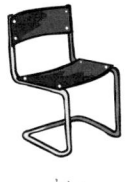

صندلی
židle

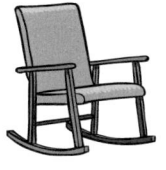

صندلی گهواره ایی
houpací křeslo

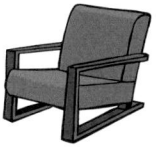

صندلی راحتی
křeslo

كتاب

kniha

لحاف

strop

دكوراسيون

ozdoba

هيزم

palivové dříví

فيلم

film

دستگاه ضبط صوت

stereo souprava

كليد

klíč

روزنامه

noviny

تابلو نقاشى

malba

پوستر

plakát

راديو

rádio

دفترچه يادداشت

poznámkový blok

جاروبرقى

vysavač

كاكتوس

kaktus

شمع

svíce

آشپزخانه
kuchyně

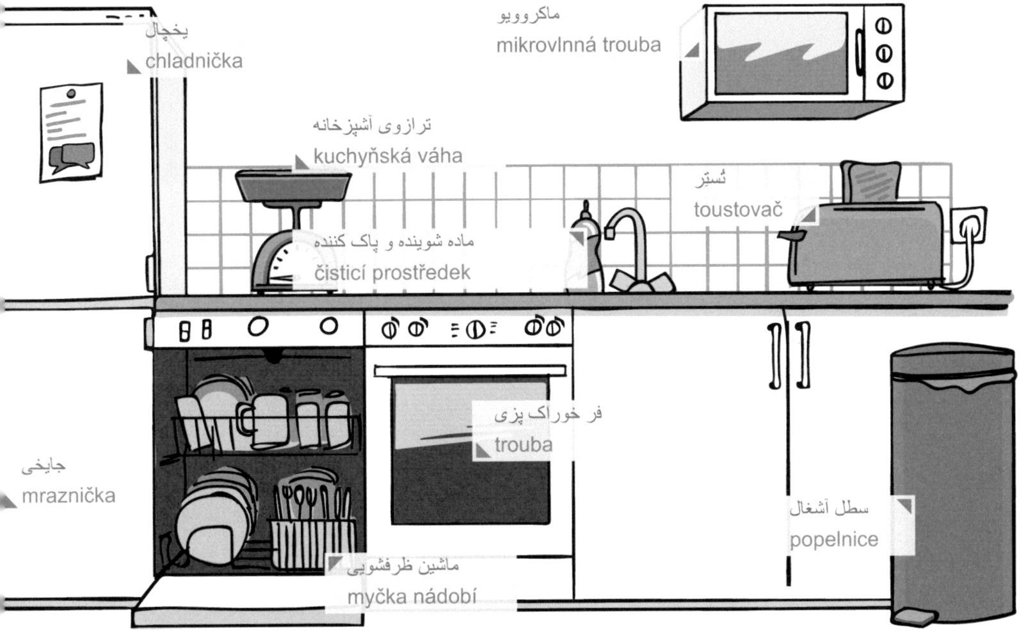

یخچال
chladnička
ماکروویو
mikrovlnná trouba
ترازوی آشپزخانه
kuchyňská váha
تُستِر
toustovač
ماده شوینده و پاک کننده
čisticí prostředek
فر خوراک پزی
trouba
جایخی
mraznička
سطل آشغال
popelnice
ماشین ظرفشویی
myčka nádobí

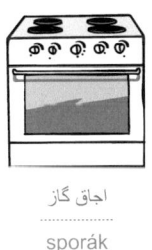

اجاق گاز

sporák

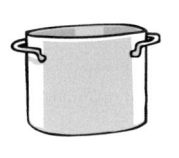

قابلمه

hrnec

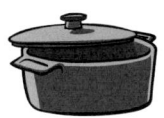

قابلمه چدنی

litinový hrnec

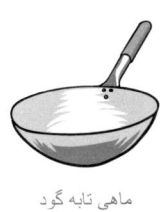

ماهی تابه گود

wok / kadai

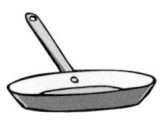

ماهی تابه

pánev

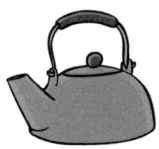

کتری

varná konvice

بخاریز

parní hrnec

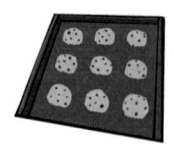

سینی فر

plech na pečení

ظرف چینی آشپزخانه

nádobí

لیوان

hrnek

کاسه

miska

چاپستیک

jídelní hůlky

ملاقه

naběračka

کفگیر

obracečka

همزن

metla

آبکش

síto

آبکش

cedník

رنده

struhadlo

هاون

hmoždíř

باربیکیو

gril

محل مخصوص افروختن آتش

ohniště

تخته گوشت و سبزی

prkénko na krájení

وردنه

váleček na těsto

در بطری بازکن

vývrtka

قوطی

dóza

در قوطی بازکن

otvírák na konzervy

دستگیره پارچه ای

chňapka

سینک ظرفشویی

umyvadlo

برس گردگیری

kartáč na nádobí

اسفنج

houba

مخلوط کن

mixér

فریزر

mrazák

شیشه شیر بچه

dětská lahev

شیر آب

kohoutek

koupelna

بخاری
topení

دوش
sprcha

حوله
ručník

پرده ی حمام
sprchový závěs

حمام کف
pěnová koupel

وان حمام
vana

لیوان
sklenička

ماشین لباسشویی
pračka

کاشی
obkladačky

شیر آب
kohoutek

لگن دستشویی کودکان
nočník

سینک ظرفشویی
umyvadlo

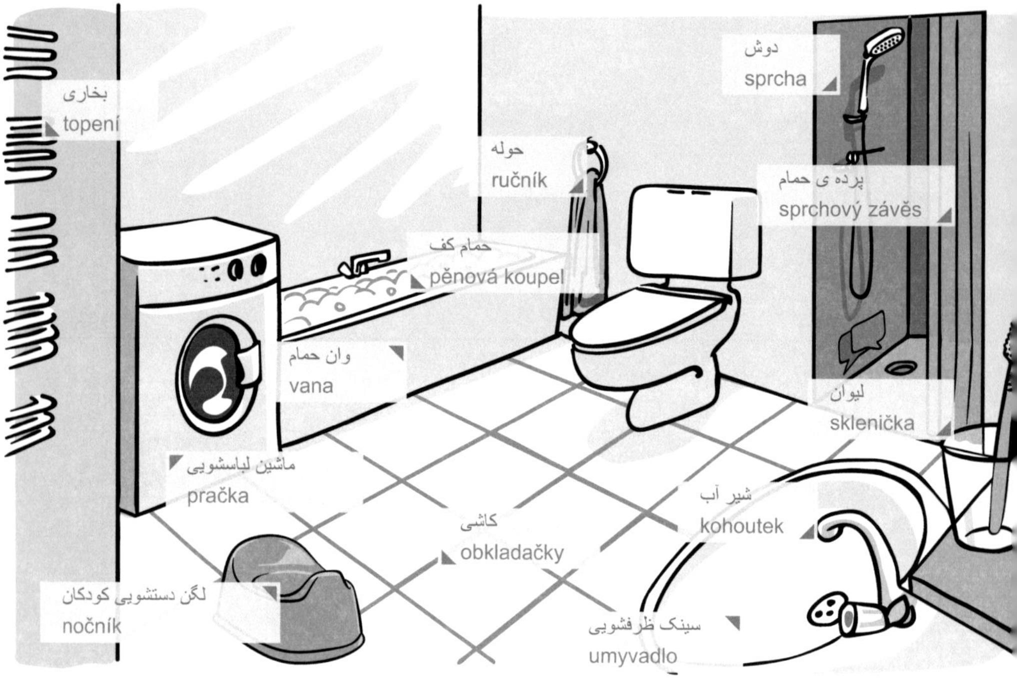

توالت
záchod

توالت ایرانی
turecký záchod

کاسه توالت
bidet

توالت مخصوص آقایان
pisoár

دستمال توالت
toaletní papír

فرچه توالت
záchodová štětka

مسواک

zubní kartáček

خمیردندان

zubní pasta

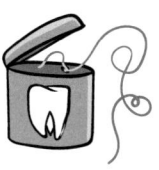

نخ دندان

zubní niť

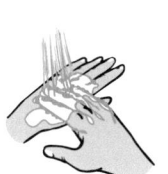

شستن

mýt

دوش آب تلفنی

ruční sprcha

شلنگ توالت

intimní sprcha

لگن روشویی

umyvadlo

برس شستِ و شوی پشت

kartáč na záda

صابون

mýdlo

شامپو بدن

sprchový gel

شامپو

šampón

لیف حمام

žínka

راه آب

odpad

کرم

krém

اسپری دئودورانت

deodorant

آیینه

zrcadlo

آیینه ی کوچک دستی

kosmetické zrcátko

تیغ ریش تراشی

holicí strojek

کف ریش تراشی

pěna na holení

افترشیو

voda po holení

شانه ی سر

hřeben

برس

kartáč

سشوار

fén

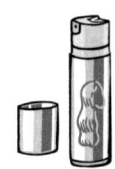

اسپری مو

lak na vlasy

أرايش

makeup

رژلب

rtěnka

لاک ناخن

lak na nehty

پنبه

vata

قیچی ناخن

nůžky na nehty

عطر

parfém

کیف لوازم آرایشی و بهداشتی

ška s toaletními potřebami

چهارپایه

stolička

ترازو

váha

حوله ی پالتویی

župan

دستکش ظرفشویی

gumové rukavice

تامپون

tampón

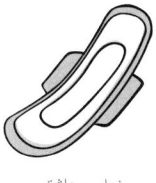

نوار بهداشتی

dámská vložka

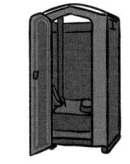

توالت سیار

chemická toaleta

اتاق بچه

dětský pokoj

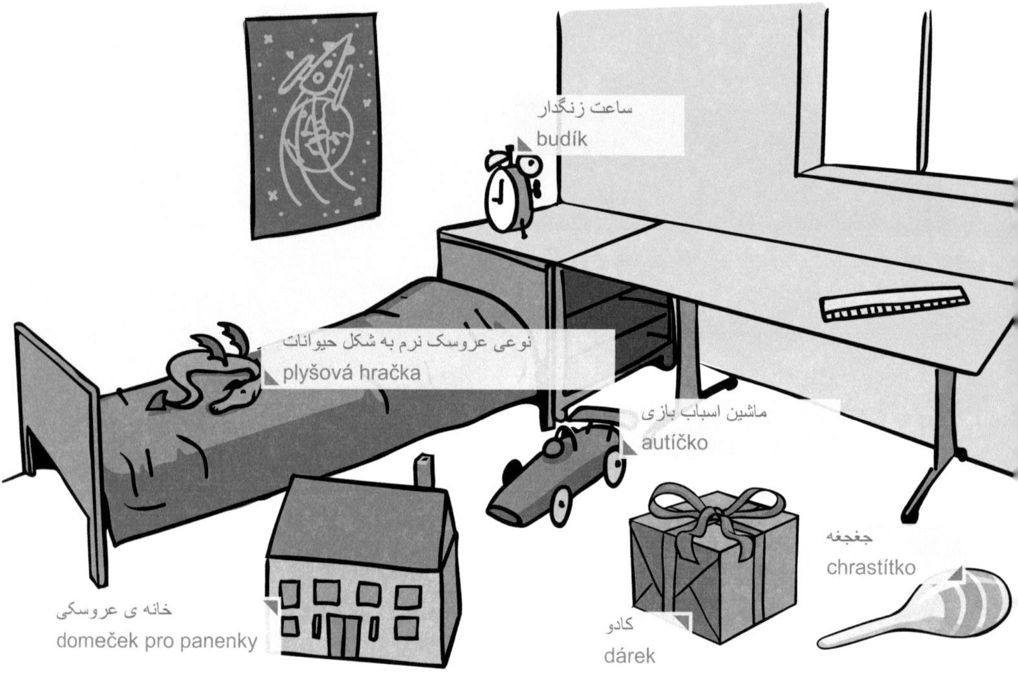

ساعت زنگدار
budík
نوعی عروسک نرم به شکل حیوانات
plyšová hračka
ماشین اسباب بازی
autíčko
جغجغه
chrastítko
خانه ی عروسکی
domeček pro panenky
کادو
dárek

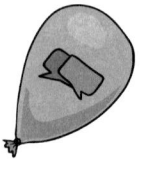

بادکنک

balón

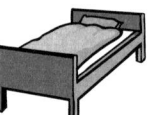

تخت خواب

postel

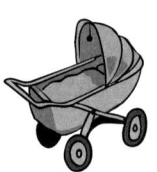

کالسکه بچه

kočárek

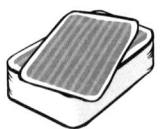

بازی ورق

balíček karet

پازل

puzzle

SUPER
MEGA

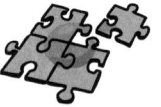

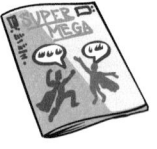

داستان مصور

komiks

اسباب بازی لگو

lego kostky

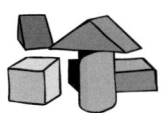

خانه سازی

stavebnice

عروسک شخصیت های فیلم و کارتون

akční figurka

لباس نوزاد

dupačky

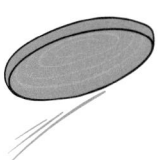

فریزبی

frisbee

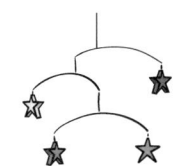

نوعی اسباب بازی که روی تخت نوزاد
یا کودک نصب می شود

závěsné hračky nad
postýlku

بازی روی صفحه

desková hra

تاس

kostky

قطار اسباب بازی

modelová železnice

پستانک

dudlík

مهمانی

oslava

کتاب مصور

obrázková kniha

توپ

míč

عروسک

panenka

بازی کردن

hrát si

جعبه شنی مخصوص بازی کودکان

pískoviště

تاب

houpačka

اسباب بازی

hračky

کنسول بازی های کامپیوتری

hrací konzole

سه چرخه

tříkolka

خرس عروسکی

medvídek

کمد لباس

šatník

لباس

oblečení

جوراب

ponožky

جوراب زنانه ساق بلند

punčochy

جوراب شلواری

punčochové kalhoty

شال
šála

كمربند
pásek

چتر
deštník

تی شرت
tričko

كفش ورزشی كتانی
tenisky

پوتین
kozačky

دمپایی
domácí obuv

صندل
sandály

كفش
obuv

چكمه پلاستیكی
holínky

شرت
spodní prádlo

سوتین
podprsenka

جليقه
nátělník

بادی

body

شلوار

kalhoty

جین

džíny

دامن

sukně

بلوز

blůza

پیراهن

košile

پولیور

svetr

سویی شرتا

mikina

نوعی کت

blejzr

ژاکت

bunda

کت بلند

kabát

بارانی

pláštěnka

لباس نمایش

kostým

لباس

šaty

لباس عروس

svatební šaty

کت و شلوار

oblek

لباس خواب زنانه

noční košile

پیژامه

pyžamo

ساری

sárí

روسری

šátek na hlavu

عمامه

turban

برقع

burka

قبا

kaftan

عبا

abája

لباس شنا

plavky

شرت شنا

pánské plavky

شلوارک

kraťasy

لباس ورزشی

tepláková souprava

پیشبند

zástěra

دستکش

rukavice

دكمه

knoflík

عینک

brýle

دستّبند

náramek

گردنبند

náhrdelník

انگشتر

prsten

گوشواره

náušnice

كلاه لبه دار

čepice

چوب لباسی

ramínko

كلاه

klobouk

كراوات

kravata

زیپ

zip

كلاه ایمنی

helma

بند شلوار

kšandy

لباس مدرسه

školní uniforma

لباس فرم

uniforma

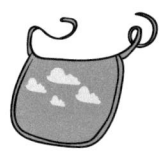

پیش بند بچه

bryndák

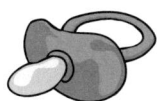

پستانک

dudlík

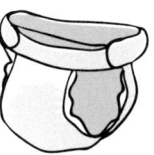

پوشک بچه

plena

اداره

kancelář

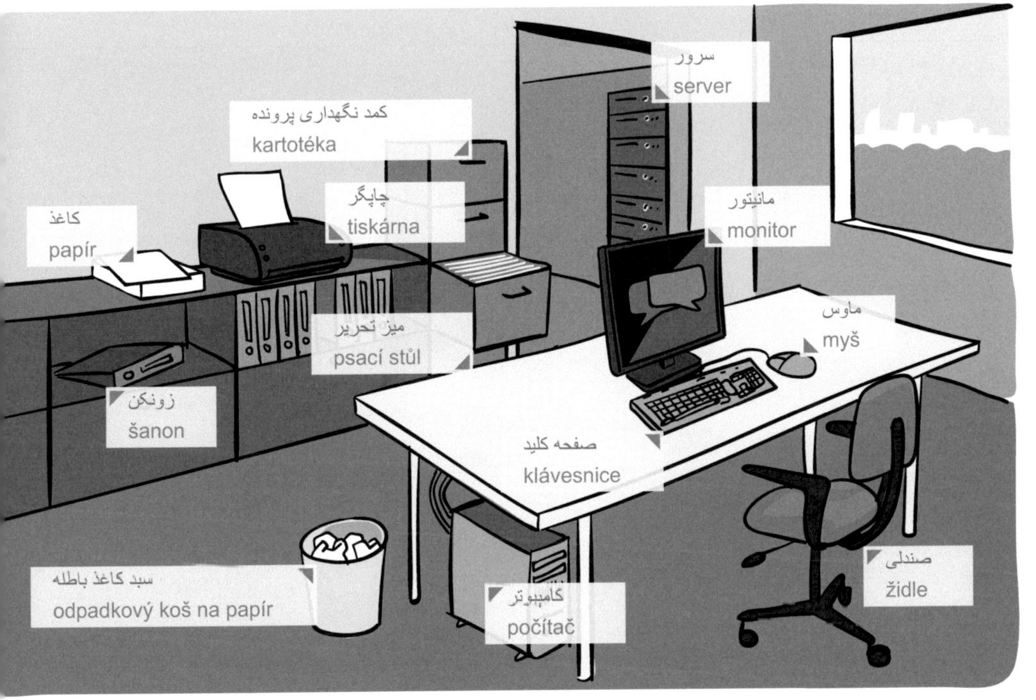
سرور
server
کمد نگهداری پرونده
kartotéka
چاپگر
tiskárna
کاغذ
papír
مانیتور
monitor
ماوس
myš
میز تحریر
psací stůl
زونکن
šanon
صفحه کلید
klávesnice
سبد کاغذ باطله
odpadkový koš na papír
کامپیوتر
počítač
صندلی
židle

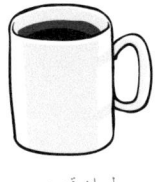

لیوان قهوه

hrnek na kávu

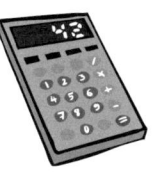

ماشین حساب

kalkulačka

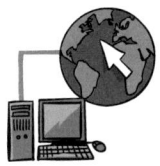

اینترنت

internet

لپ تاپ

notebook

نامه

dopis

پیغام

zpráva

تلفن همراه

mobil

شبکه ی ارتباطی

síť

دستگاه فتوکپی

kopírka

نرم افزار

software

تلفن

telefon

پریز

zásuvka

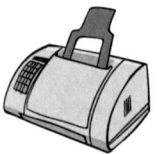

دستگاه فاکس

fax

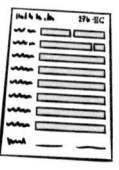

فرم

formulář

مدرک

dokument

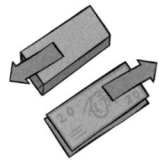

خریدن

nakupovat

پرداخت کردن

zaplatit

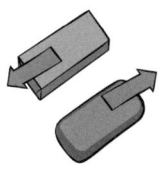

تجارت کردن

jednat

پول

peníze

دلار

dolar

یورو

euro

ین

jen

روبل

rubl

فرانک سوئیس

frank

یوان رنمینبی

juan

روپیه

rupie

دستگاه خودپرداز

bankomat

صرافی

směnárna

طلا

zlato

نقره

stříbro

نفت

olej

انرژی

energie

قیمت

cena

قرارداد

smlouva

مالیات

daň

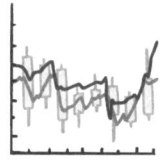

سهام سرمایه

akcie

کار کردن

pracovat

کارمند

zaměstnanec

کارفرما

zaměstnavatel

کارخانه

továrna

مغازه

obchod

مشاغل
povolání

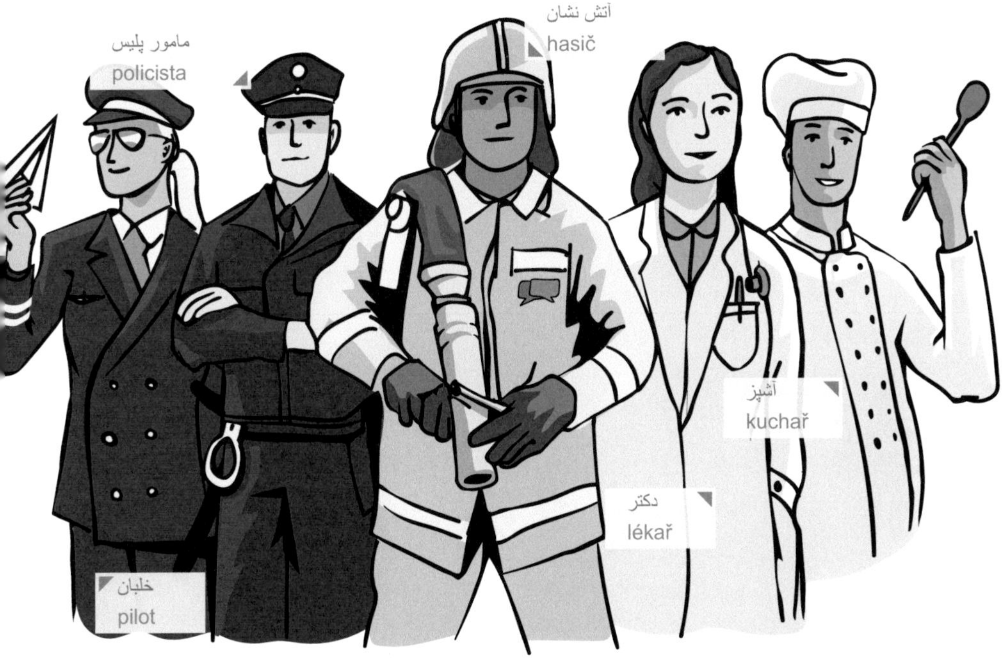

آتش نشان
hasič
مامور پلیس
policista
آشپز
kuchař
دکتر
lékař
خلبان
pilot

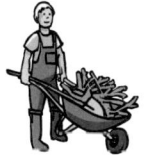

باغبان

zahradník

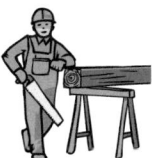

نجار

truhlář

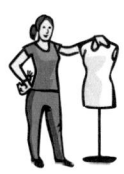

خیاط زنانه

švadlena

قاضی

soudce

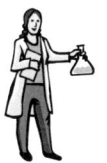

شیمیدان

chemik

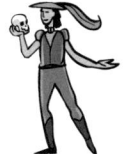

بازیگر

herec

راننده اتوبوس

řidič autobusu

راننده تاكسی

řidič taxi

ماهیگیر

rybář

نظافتچی زن

uklízečka

سقف ساز

pokrývač

پیشخدمت رستوران

číšník

شكارچی

myslivec

نقاش

malíř

نانوا

pekař

برقکار

elektrikář

كارگر ساختمانی

stavební dělník

مهندس

inženýr

قصاب

řezník

لوله كش

klempíř

پستچی

listonoš

سرباز

voják

معمار

architekt

صندوقدار

pokladní

گل فروش

florista

آرایشگر

kadeřník

مامور کنترل بلیط در قطار

průvodčí

مکانیک

mechanik

ناخدا

kapitán

دندانپزشک

zubař

دانشمند

vědec

عالم یهودی

rabín

امام

imám

راهب

mnich

کشیش

duchovní

ابزارآلات
nářadí

چکش
kladivo
انبردست
kleště
پیچ گوشتی
šroubovák
آچار
klíč
چراغ قوه
kapesní svítilna

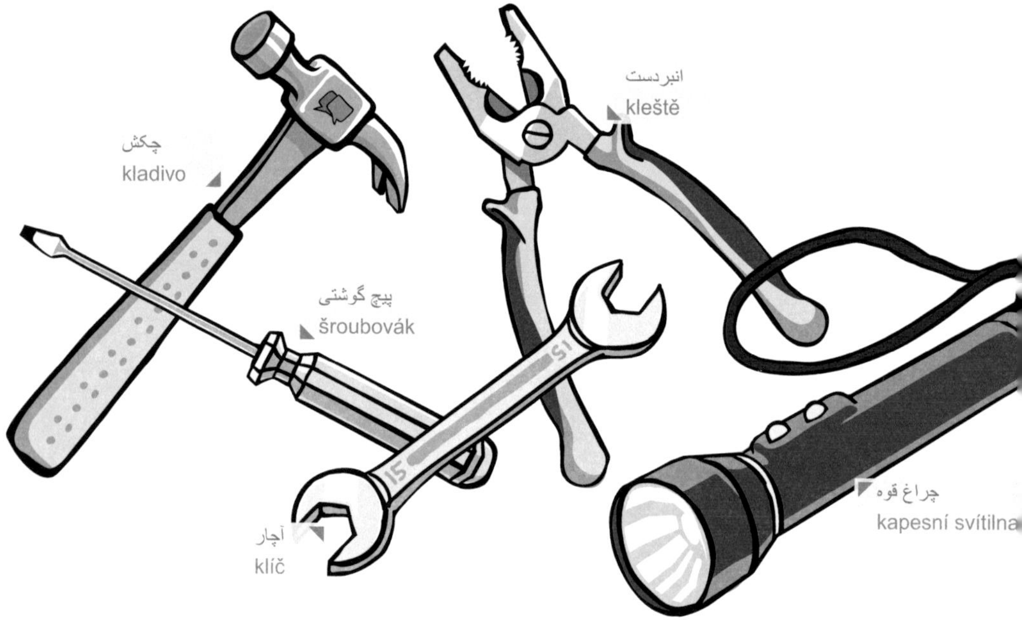

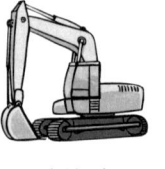

بیل مکانیکی

bagr

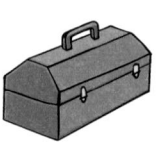

جعبه ابزار

skříň na nářadí

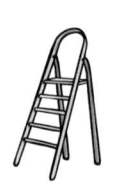

نردبان

žebřík

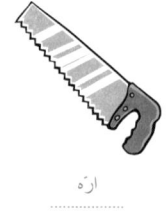

ارّه

pila

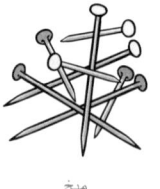

میخ

hřebíky

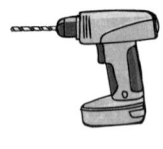

مته

vrtačka

تعمیر کردن

opravit

بیل

lopata

لعنتی!

Kurva!

خاک انداز

lopatka

سطل رنگرزی

vědroé na barvu

پیچ

šrouby

آلات موسیقی

hudební nástroje

بلندگو
reproduktor

درامز
bicí ◢

کنترباس
kontrabas ◢

ترومپت
trubka

گیتار
kytara ◢

پیانو

klavír

ویولن

housle

گیتار بیس

basa

تیمپانی

tympán

طبل

bubny

کیبورد الکتریک

keyboard

ساکسیفون

saxofon

فلوت

flétna

میکروفون

mikrofon

باغ وحش

zoo

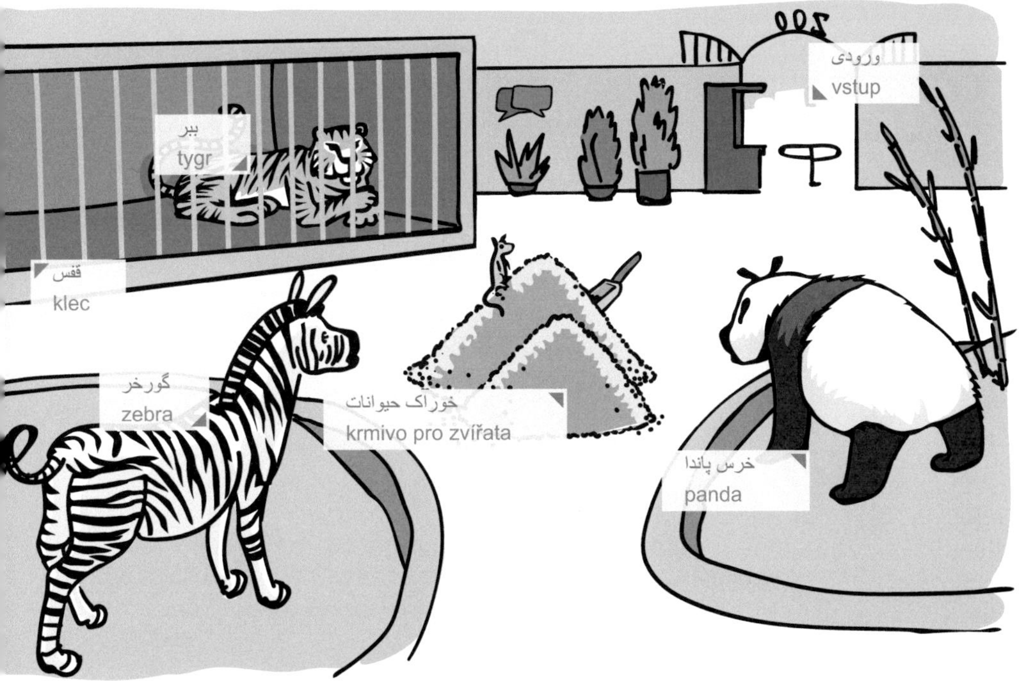

ورودی
vstup
ببر
tygr
قفس
klec
گورخر
zebra
خوراک حیوانات
krmivo pro zvířata
خرس پاندا
panda

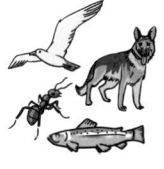

حیوانات

zvířata

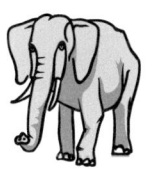

فیل

slon

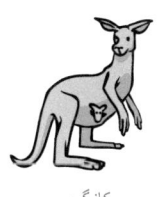

کانگورو

klokan

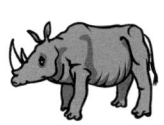

کرگدن

nosorožec

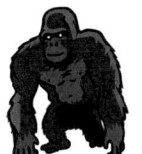

گوریل

gorila

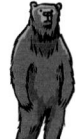

خرس

medvěd

شتر

velbloud

شترمرغ

pštros

شیر

lev

میمون

opice

فلامینگو

plameňák

طوطی

papoušek

خرس قطبی

lední medvěd

پنگوئن

tučňák

کوسه

žralok

طاووس

páv

مار

had

تمساح

krokodýl

نگهبان باغ وحش

osetrovatel zvířat

خوک آبی

tuleň

پلنگ امریکایی

jaguár

اسب کوچک

poník

پلنگ

leopard

اسب آبی

hroch

زرافه

žirafa

عقاب

orel

گراز

divoké prase

ماهی

ryby

لاک پشت

želva

شیرماهی

mrož

روباه

liška

غزال

gazela

فوتبال آمریکایی
americký fotbal

دوچرخه سواری
cyklistika

تنیس
tenis

بسکتبال
košíková

شنا
plavání

هاکی روی یخ
lední hokej

بوکس
box

فوتبال
kopaná

بدمینتون
badminton

دوومیدانی
lehká atletika

هندبال
házená

اسکی
běh na lyžích

پولو
vodní pólo

فعالیت ها
aktivity

پریدن
skočit
بغل کردن
objímat
خندیدن
smát se
راه رفتن
jít
آواز خواندن
zpívat
رؤیا دیدن
snít
دعا کردن
modlit se
بوسیدن
políbit

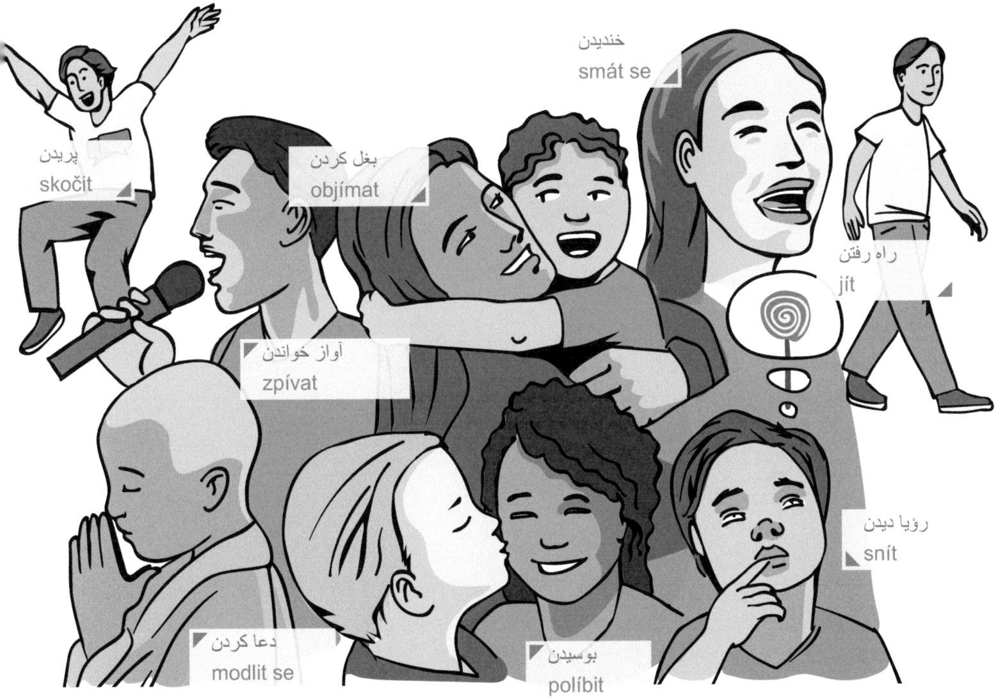

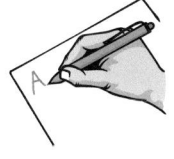

نوشتن

psát

رسم کردن

kreslit

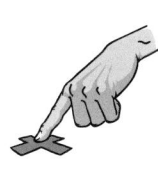

نشان دادن

ukazovat

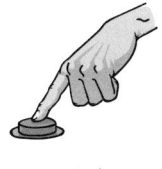

هل دادن

tlačit

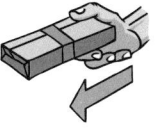

دادن

dát

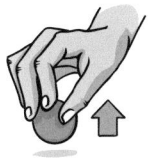

برداشتن

vzít si

داشتن

mít

انجام دادن

dělat

بودن

být

ایستادن

stát

دویدن

běhat

کشیدن

táhnout

پرتاب کردن

hodit

افتادن

padat

دراز کشیدن

ležet

منتظر بودن

čekat

حمل کردن

nosit

نشستن

sedět

لباس پوشیدن

oblékat

خوابیدن

spát

بیدار شدن

vzbudit se

تماشا کردن

prohlédnout si

گریه کردن

plakat

نوازش کردن

pohladit

شانه کردن

česat

حرف زدن

hovořit

فهمیدن

rozumět

پرسیدن

ptát se

شنیدن

slyšet

آشامیدن

pít

خوردن

jíst

مرتب کردن

uklidit

عاشق بودن

mllovat

پختن

vařit

رانندگی کردن

jet

پرواز کردن

letět

قایقرانی کردن

plachtit

محاسبه کردن

počítat

خواندن

číst

یاد گرفتن

učit se

کار کردن

pracovat

ازدواج کردن

vzít si

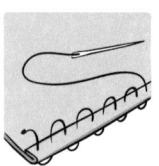

دوختن

šít

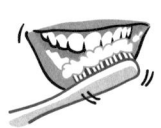

مسواک زدن

čistit si zuby

کشتن

zabít

سیگار کشیدن

kouřit

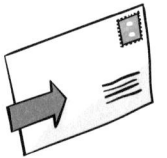

فرستادن

poslat

خانواده

rodina

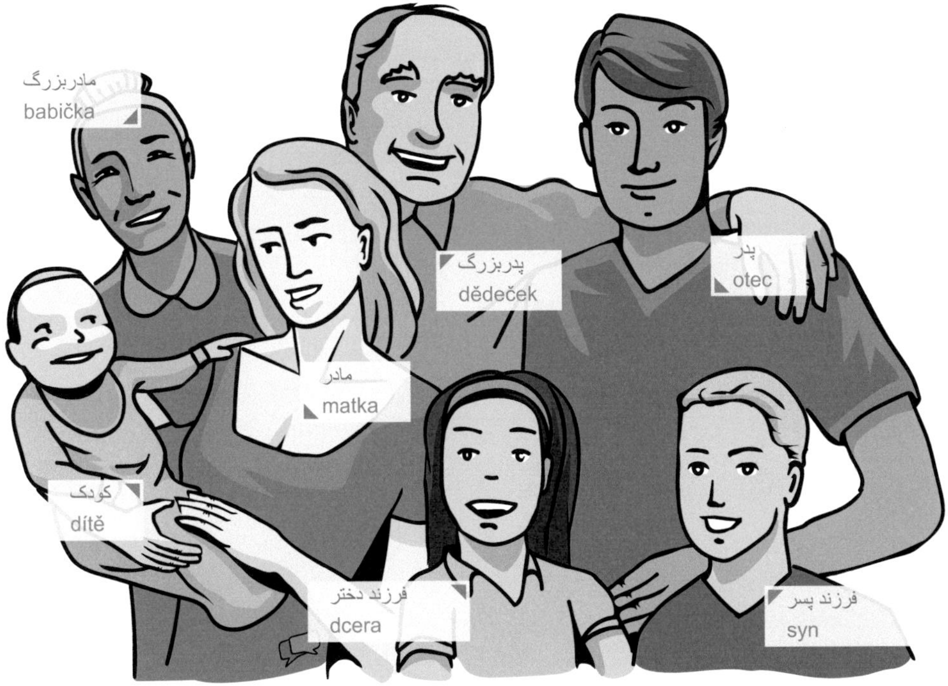
مادربزرگ
babička
پدربزرگ
dědeček
پدر
otec
مادر
matka
کودک
dítě
فرزند دختر
dcera
فرزند پسر
syn

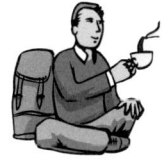

مهمان

host

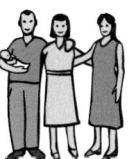

خاله، عمه

teta

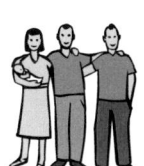

دایی، عمو

strýc

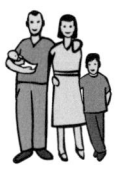

برادر

bratr

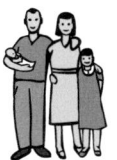

خواهر

sestra

بدن
tělo

پیشانی
čelo
چشم
oko
شانه
rameno
انگشت دست
prst
صورت
obličej
چانه
brada
دست
ruka
ساق پا
dolní končetina
سینه
hruď
بازو
paže

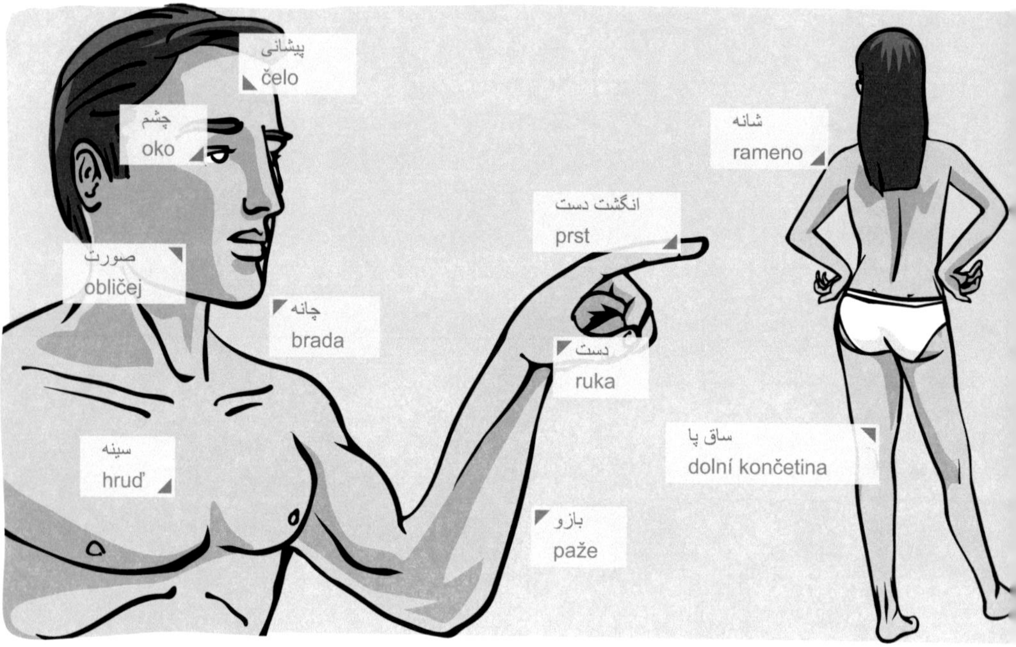

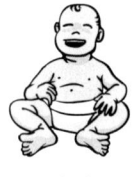

کودک
dítě

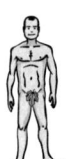

مرد
muž

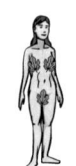

زن
žena

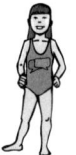

دختربچه
dívka

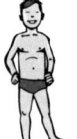

پسربچه
chlapec

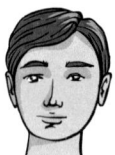

کله
hlava

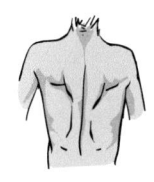

كمر

záda

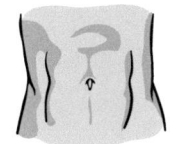

شكم

břicho

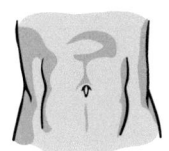

ناف

pupík

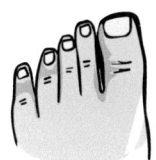

انگشت پا

prst na noze

پاشنه

pata

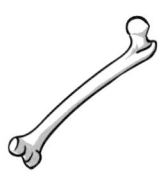

استخوان

kost

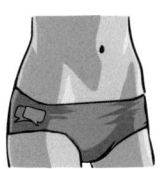

لگن

bok

زانو

koleno

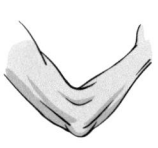

أرنج

loket

بینی

nos

نشیمنگاه

zadek

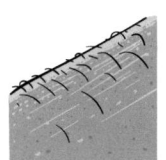

پوست

kůže

گونه

tvář

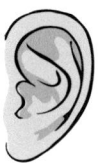

گوش

ucho

لب

ret

دهان

ústa

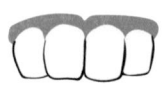

دندان

zub

زبان

jazyk

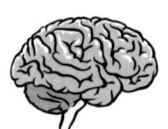

مغز

mozek

قلب

srdce

عضله

sval

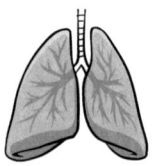

ریه

plíce

کبد

játra

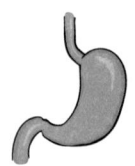

معده

žaludek

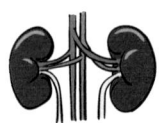

کلیه

ledviny

آمیزش جنسی

pohlavní styk

کاندوم

kondom

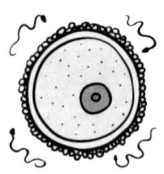

تخمک

vajíčko

اسپرم

sperma

حاملگی

těhotenství

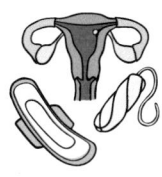

پریود

menstruace

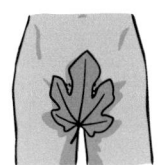

واژن

vagina

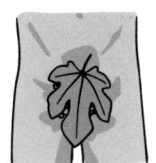

ألت تناسلی مرد

penis

ابرو

obočí

مو

vlasy

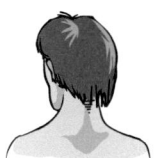

گردن

krk

بیمارستان

nemocnice

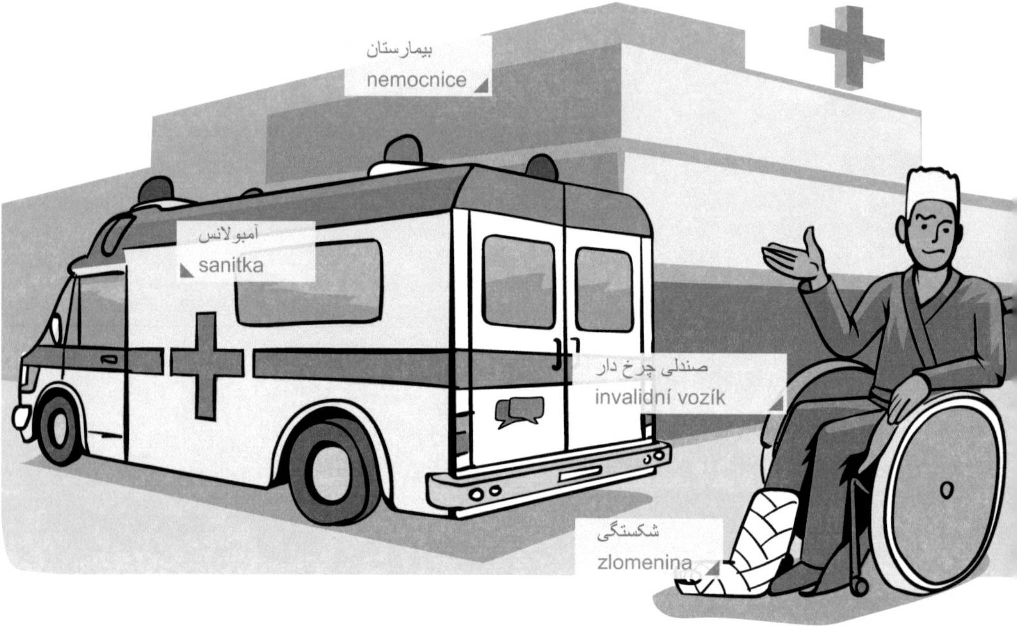

بیمارستان
nemocnice
آمبولانس
sanitka
صندلی چرخ دار
invalidní vozík
شکستگی
zlomenina

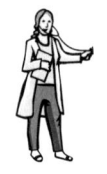

دکتر

lékař

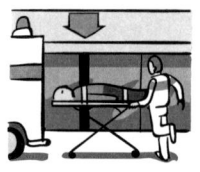

بخش اورژانس

pohotovost

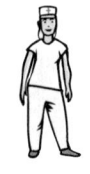

پرستار

zdravotní sestra

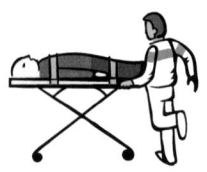

موقعیت اضطراری

urgentní případ

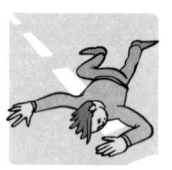

بی هوش

v bezvědomí

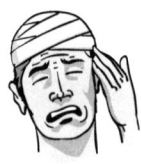

درد

bolest

مصدومیت

úraz

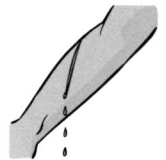

خونریزی

krvácení

سکته قلبی

infarkt myokardu

سکته مغزی

cévní mozková příhoda

الرژی

alergie

سرفه

kašel

تب

horečka

آنفولانزا

chřipka

اسهال

průjem

سردرد

bolest hlavy

سرطان

rakovina

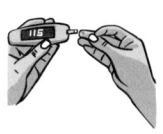

دیابت

cukrovka

جراح

chirurg

چاقوی جراحی

skalpel

عمل جراحی

operace

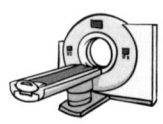

سی تی اسکن

CT

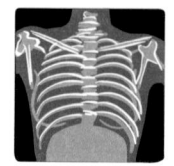

پرتونگاری

rentgen

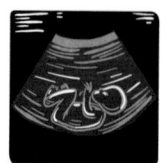

سونوگرافی

ultrazvuk

ماسک صورت

maska

بیماری

nemoc

اتاق انتظار

čekárna

چوب زیر بغل

berle

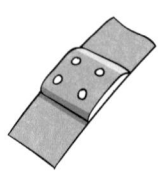

چسب زخم

náplast

پانسمان

obvaz

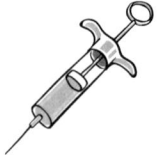

تزریق

injekce

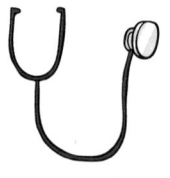

گوشی طبی

stetoskop

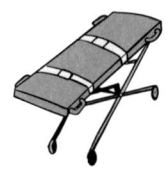

برانکار

nosítka

دماسنج

teploměr

زایش

porod

اضافه وزن

nadváha

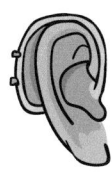

سمعک

naslouchátko

ماده ضد غفونی کننده

dezinfekční prostředek

عفونت

infekce

ویروس

virus

اچ أی وی / ایدز

HIV / AIDS

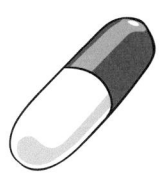

دارو

lékařství

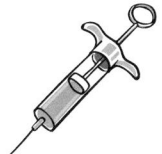

واکسیناسیون

očkování

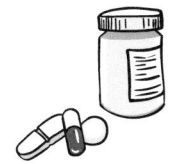

قرص

tablety

قرص ضد حاملگی

pilulka

تماس اظطراری

tísňové volání

دستگاه اندازه گیری فشارخون

tonometr

مریض / سالم

nemocný / zdravý

کمک!

Pomoc!

آژیر خطر

poplach

حمله

přepadení

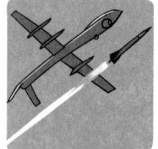

حمله ی فیزیکی

napadení

خطر

nebezpečí

خروج اظطراری

nouzový východ

آتش

Hoří!

کپسول آتش‌نشانی

hasicí přístroj

تصادف

nehoda

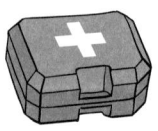

جعبه کمک های اولیه

zdravotnická brašna

درخواست کمک

SOS

پلیس

policie

اروپا

Evropa

آمریکای شمالی

Severní Amerika

آمریکای جنوبی

Jižní Amerika

آفریقا

Afrika

آسیا

Asie

استرالیا

Austrálie

اقیا نوس اطلس

Atlantik

اقیانوس آرام

Pacifik

اقیانوس هند

Indický oceán

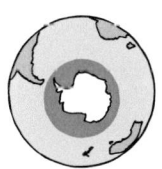

اقیا نوس اطلس جنوبی

Jižní ledový oceán

اقیانوس منجمد شمالی

Severní ledový oceán

قطب شمال

severní pól

قطب جنوب

jižní pól

قاره قطب جنوب

Antarktida

کره زمین

země

سرزمین

pevnina

دریا

moře

جزیره

ostrov

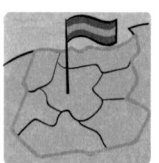

ملت

národ

کشور

stát

صفحه ی ساعت

ciferník

ساعت شمار

hodinová ručička

دقیقه شمار

minutová ručička

ثانیه شمار

vteřinová ručička

ساعت چند است؟

Kolik je hodin?

روز

den

زمان

čas

اکنون

teď

ساعت دیجیتال

digitální hodinky

دقیقه

minuta

ساعت

hodina

دوشنبه
pondělí

چهارشنبه
středa

جمعه
pátek

سه شنبه
úterý

شنبه
sobota

پنج شنبه
čtvrtek

یک شنبه
neděle

دیروز
včera

امروز
dnes

فردا
zítra

صبح
ráno

ظهر
poledne

غروب
večer

روزهای کاری
pracovní dny

آخر هفته
víkend

باران
▶ déšť

رنگین کمان
▶ duha

برف
sníh

باد
▶ vítr

بهار
jaro

تابستان
léto

پاییز
▶ podzim

زمستان
zima

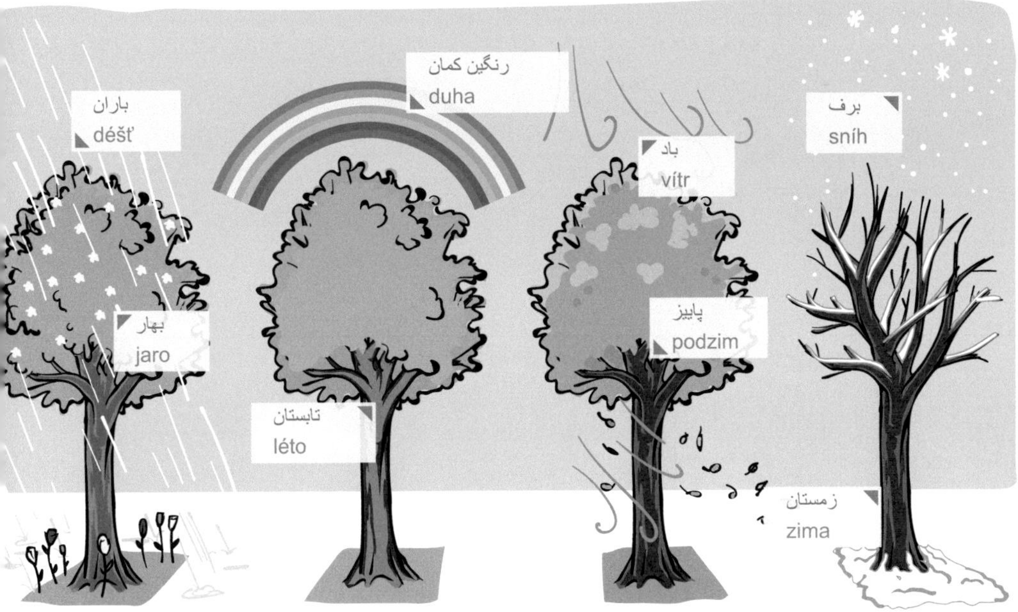

پیش‌بینی اوضاع جوی

předpověď počasí

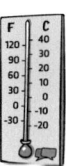

دماسنج

teploměr

تابش آفتاب

sluneční svit

ابر

mrak

مه

mlha

رطوبت هوا

vlhkost

صاعقه

blesk

أسمان غره

hrom

طوفان

bouřka

تگرگ

kroupy

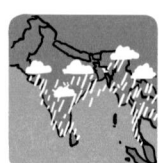

باد موسمی

monzun

سیل

povodeň

یخ

led

ژانویه

leden

فوریه

únor

مارس

březen

أوریل

duben

مه

květen

ژوئن

červen

ژوئیه

červenec

أگوست

srpen

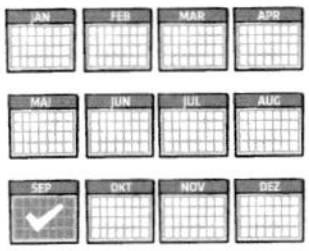

سپتامبر

zářì

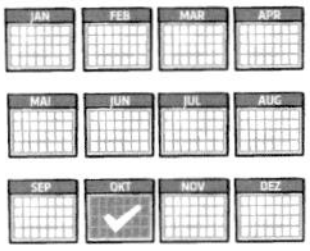

اکتبر

říjen

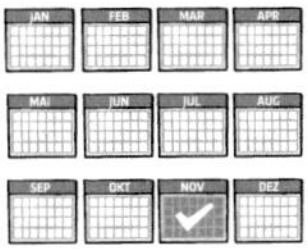

نوامبر

listopad

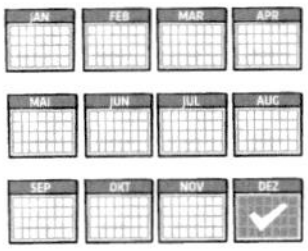

دسامبر

prosinec

آشکال

tvary

دایره

kruh

مربع

čtverec

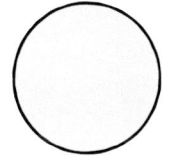

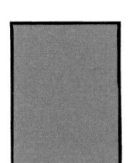

مستطیل

obdélník

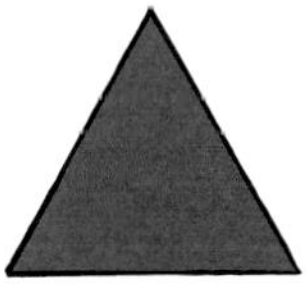

سه گوش

trojúhelník

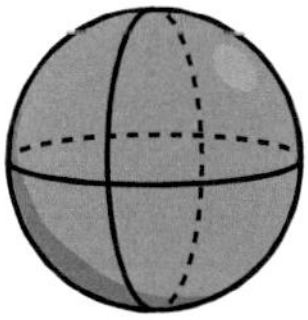

کُره

koule

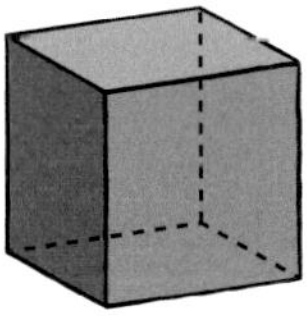

مکعب مربع

krychle

سفید

bílá

زرد

žlutá

نارنجی

oranžová

صورتی

růžová

قرمز

červená

بنفش

fialová

أبی

modrá

سبز

zelená

قهوه ای

hnědá

خاکستری

šedá

سیاه

černá

خیلی / کم

hodně / málo

خشمگین / آرام

rozzuřený / mírumilovný

زیبا / زشت

krásný / ošklivý

شروع / پایان

začátek / konec

بزرگ / کوچک

velký / malý

روشن / تیره

světlý / tmavý

برادر / خواهر

bratr / sestra

تمیز / آلوده

čistý / špinavý

کامل / ناقص

úplný / neúplný

روز / شب

den / noc

مرده / زنده

mrtvý / živý

پهن / باریک

široký / úzký

قابل خوردن / غیر قابل خوردن

jedlý / nejedlý

غضبناک / مهربان

zlý / hodný

هیجان زده / بی حوصله

vzrušený / znuděný

چاق / لاغر

tlustý / hubený

اولین / آخرین

nejdříve / naposledy

دوست / دشمن

přítel / nepřítel

پر / خالی

plný / prázdný

سفت / نرم

tvrdý / měkký

سنگین / سبک

těžký / lehký

گرسنگی / تشنگی

hlad / žízeň

مریض / سالم

nemocný / zdravý

غیرقانونی / قانونی

ilegální / legální

باهوش / خنگ

intoligontní / hloupý

چپ / راست

vlevo / vpravo

نزدیک / دور

blízko / daleko

نو / استفاده شده

nový / použitý

هیچ چیز / چیزی

nic / něco

پیر / جوان

starý / mladý

روشن / خاموش

zapnutý / vypnutý

باز / بسته

otevřeno / zavřeno

اهسته / بلند

tichý / hlasitý

ثروتمند / فقیر

bohatý / chudý

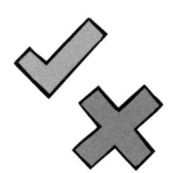

درست / غلط

správný / špatný

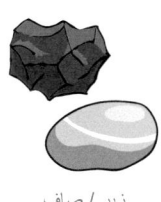

زبر / صاف

drsný / hladký

غمگین / خوشحال

smutný / šťastný

کوتاه / بلند

krátký / dlouhý

کند / تند

pomalý / rychlý

تر / خشک

vlhký / suchý

گرم / خنک

teplý / chladný

جنگ / صلح

válka / mír

0	**1**	**2**
صفر	یک	دو
nula	jedna	dva

3	**4**	**5**
سه	چهار	پنج
tři	čtyři	pět

6	**7**	**8**
شش	هفت	هشت
šest	sedm	osm

9	**10**	**11**
نه	ده	یازده
devět	deset	jedenáct

12

دوازده

dvanáct

13

سیزده

třináct

14

چهارده

čtrnáct

15

پانزده

patnáct

16

شانزده

šestnáct

17

هفده

sedmnáct

18

هجده

osmnáct

19

نوزده

devatenáct

20

بیست

dvacet

100

صد

sto

1.000

هزار

tisíc

1.000.000

میلیون

milion

انگلیسی

angličtina

انگلیسی أمریکایی

americká angličtina

چینی ماندارین

standardní čínština

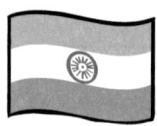

هندی

hindština

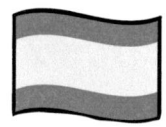

اسپانیایی

španělština

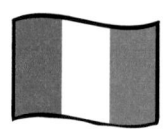

فرانسوی

francouzština

عربی

arabština

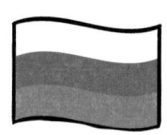

روسی

ruština

پرتغالی

portugalština

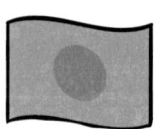

بنگالی

bengálština

آلمانی

němčina

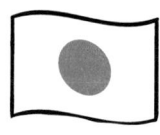

ژاپنی

japonština

من

já

تو

ty

او

on / ona / ono

ما

my

شما

vy

آنها

oni

چه کسی؟ کی؟

Kdo?

چی؟

Co?

چگونه؟

Jak?

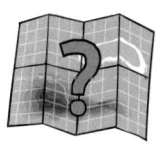

کجا؟

Kde?

کی؟

Kdy?

نام

jméno

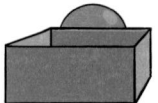

پشت

za

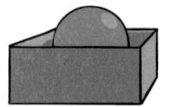

توی

do

جلو

z

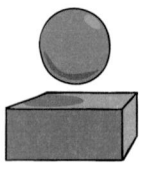

بالای

nad

روی

na

زیر

mezi

مجاور

vedle

بین

mezi

مکان

místo